AF347282

HAIKUS DEL CANTO Y DEL AGUA

CONRADO CASTILLA

HAIKUS DEL CANTO
Y DEL AGUA

EXLIBRIC

ANTEQUERA 2020

HAIKUS DEL CANTO Y DEL AGUA
© Conrado Castilla
Ilustraciones interior: realizadas en acrílico sobre piedra, obra de
Marijose Muñoz
Diseño de portada: Dpto. de Diseño Gráfico Exlibric

Iª edición

© ExLibric, 2020.

Editado por: ExLibric
c/ Cueva de Viera, 2, Local 3
Centro Negocios CADI
29200 Antequera (Málaga)
Teléfono: 952 70 60 04
Fax: 952 84 55 03
Correo electrónico: exlibric@exlibric.com
Internet: www.exlibric.com

ISBN: 978-84-18912-84-9

Nota de la editorial: ExLibric pertenece a Innovación y Cualificación S. L.

CONRADO CASTILLA

HAIKUS DEL CANTO Y DEL AGUA

Para el haijin *Lara Cantizani,*
poeta y amigo, porque:

En una esquina
habré de recordarte,
y a tu sonrisa.

ÍNDICE

PRÓLOGO

Hace ya unos cuantos años mi amigo el poeta Lara Cantizani, a quien está dedicado este libro, me habló por primera vez de los haikus. Hasta ese momento yo no había oído hablar de este tipo de poemas. Me habló de Issa Kobayashi y de Matshuo Bashoo, los grandes haikuistas japoneses, pues es de ese país de donde procede el haiku. Me habló de los trabajos que había hecho con sus alumnos y que culminaría con la publicación de un libro titulado "*haikus del mal amor*" del que me regaló un ejemplar. Su lectura despertó en mí el interés por este tipo de poemas y de alguna manera me abrieron el camino hacia ellos y así comencé a escribir una serie, a modo de ensayo, en los que recogía distintos temas de la vida cotidiana. A partir de la lectura de los versos de Kobayashi, Bashoo y otros poetas, me propuse profundizar un poco más en este tipo de poemas y de esas lecturas surgieron los versos que el lector va a encontrar en las páginas que siguen.

¿Pero qué es un haiku? aparentemente no es sino un poema de tres versos de 5-7-5 sílabas, pero sin duda, un haiku es mucho más pues pese a su brevedad se une el hecho de que va a hacer alusión a una estación del año y a la realidad cotidiana de ese tiempo y a la naturaleza. Un haiku es, en palabras de Ch. Maillard "*Es una imagen de algo que sucede, de repente, para alguien*".

Un haiku, dada su sencillez, no tiene necesidad de ser explicado sino vislumbrado durante un instante y por tanto ha de asombrar a quien lo lea más que transmitirle una historia, pues como decía Bashoo, un haiku es algo que llega en un lugar y en un momento: *llega el otoño: / el mar y el campo tienen / el mismo verde.*

Este poemario está estructurado en cinco partes: las cuatro primeras están dedicadas a las estaciones del año: el susurro de las golondrinas (primavera), el dormitar del grillo (verano), hojas caídas (otoño) y el crepitar del fuego (invierno); y una última parte a modo de epílogo titulada "de la rosa y la luna".

Ya con el título busco adelantar el contenido de las distintas partes del libro en las que surgen el sonido del agua, el canto de los pájaros, la luz de los atardeceres...buscando trasmitir tranquilidad y sosiego, armonía, y en definitiva admiración por la belleza de lo que a diario nos puede ofrecer la vida (*entre los lírios, /rumorosa fontana, / dormita un grillo*). También el paso del tiempo, lento y tranquilo aparece reflejado en muchos de estos haikus: *días que llegan / como versos leídos. / Hojas doradas.*

En la última parte, *de la rosa y la luna*, se recogen versos dedicados a estas dos figuras literarias, y también al agua, siempre presentes en mi obra: la luna como foco de luz que alumbra las palabras que van a formar los versos de mis poemas a partir de la esperanza en lo cotidiano; la rosa como fruto de todos los pensamientos que van conformando las ideas y frases de los haikus y el agua como manantial del que todo brota y en lo que todo se refleja y aglutina.

El libro se completa con una serie de ilustraciones fruto de la mirada de la artista Marijose Muñoz que ha reflejado cada estación con un ojo distinto adecuando el color y el mensaje a cada una de ellas: la primavera en verde mostrándonos el color vivo de las hojas y el revoloteo de los pájaros; el azul es para el verano donde se refleja el color del agua del mar y los barcos que pasan; para el otoño ha elegido el marrón como fondo en el que escenifica un árbol a punto de quedarse desnudo tras la lluvia de hojas doradas; y para el invierno ha elegido tonos violetas y ocres que nos muestra la luz del invierno, el blanco del hielo sobre las cosas y el frío en la calle por la madrugada. Para el epílogo ha creado la sugerente imagen de una rosa alumbrada por la luz nacarada de la luna llena.

Con estas ilustraciones sin duda, ha enriquecido el contenido de este modesto poemario, el cual llega a las manos del lector que quiera acogerlo en el seno de su memoria si así lo desea.

Lucena, primavera 2020

I
EL SUSURRO DE LAS GOLONDRINAS
(PRIMAVERA)

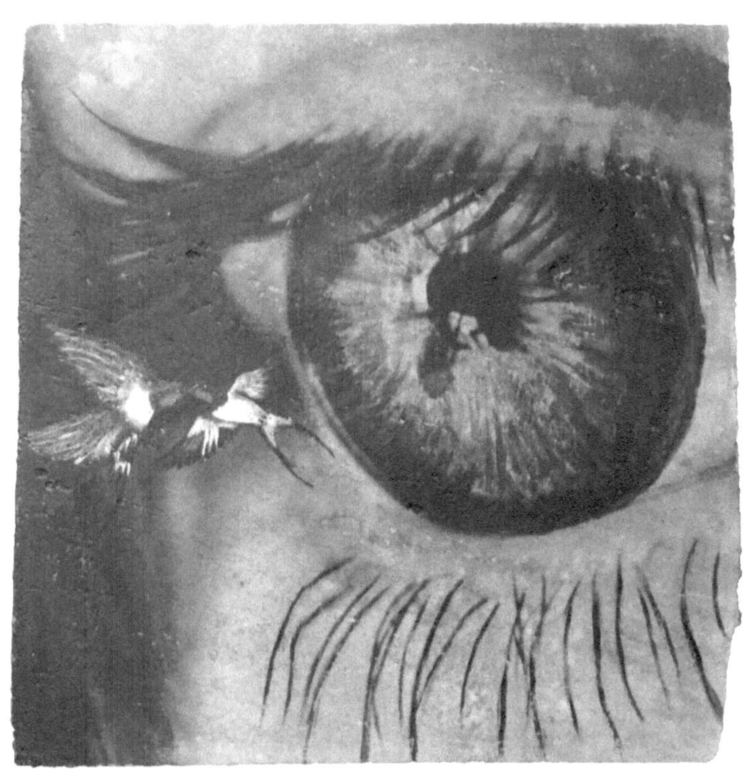

Haru

Un fondo verde,
indolente brisilla
en rumor de hojas.

Haru

Un soplo de aire,
sonido de los pájaros
rayando el día.

Haru

Libro en la mano,
calorcillo que trae
olor a yerba.

Haru

Por el crepúsculo
entre las hojas verdes
dorado llega.

Haru

Entre las hojas,
corredor del aire, ¡ay!,
sueña jilguero.

Haru

Rayo de luna
que brilla en una noche
sonora y tibia.

Haru

Porque al crepúsculo
un ánade etérea
soñando vuela.

Haru

Junto a un nenúfar,
a la faz de la luna
miran mis ojos.

Haru

Rayos de luna
que sobre el agua oscura
pintan sonrisas.

Haru

Tibia y dorada,
apagando sonidos
llega la tarde.

Haru

Rumor del agua,
sonido en el viento
que el sol reclama.

Haru

La golondrina
sobre las ramas canta
al aire tibio.

Haru

Suenan los trinos
entre las hojas verdes
de primavera.

Haru

Mi árbol apenas
ha empezado a echar hojas
y vive ya.

Haru

La tarde tibia
se alarga cual camino
en primavera.

2
EL DORMITAR DEL GRILLO
(VERANO)

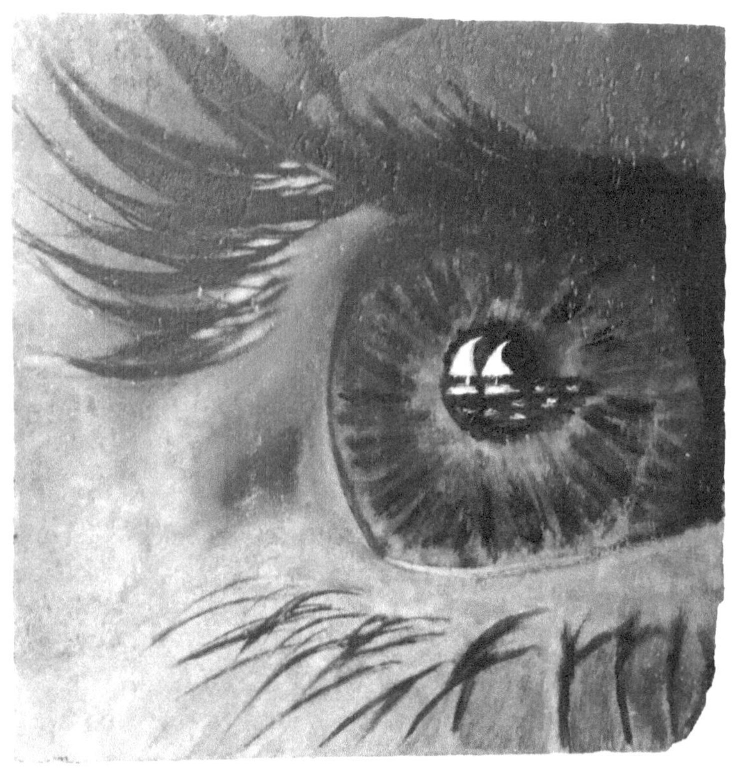

Natsu

Élitros cantan
al sopor de la siesta.
En penumbra ando.

Natsu

El mar sonríe,
se va y borda en la orilla
encaje fino.

Natsu

Ufana y verde,
por entre los nenúfares
la rana croa.

Natsu

Piar de los pájaros.
El calor de la tarde
nubla el silencio.

Natsu

Entre los lirios,
rumorosa fontana,
dormita un grillo.

Natsu

Una libélula
brilla al trasluz muy tenue
de una violeta.

Natsu

Blancos jazmines
que en la tarde dorada
el aire embriagan.

Natsu

Callada y sola
la golondrina duerme
bajo su alero.

Natsu

Ya atardeció.
El calor veraniego
tras la sombra huye.

Natsu

¿Y quién va al eco?
El rumor de los grillos
al anochecer.

Natsu

La tarde muere
a lo lejos, brillante
de rosa y lirio.

Natsu

Latiendo caen
de la fuente cercana
gotas y trinos.

Natsu

El agua verde
que por la tarde brilla
plácida y lenta.

Natsu

Cualquier sonido
me recuerda a los grillos
por el camino.

Natsu

Tarde de estío.
En un parque sentado
oigo los trinos.

3
HOJAS CAÍDAS
(OTOÑO)

Aki

Rayo de luna
sumergido en secreto
bajo la lluvia.

Aki

El arcoíris
es una gota de agua
que el viento mece.

Aki

Cae la tarde,
lluvia de hojas marchitas,
bandada de aves.

Aki

Días que llegan
como versos leídos,
hojas doradas.

Aki

Ruido de pies,
huellas entre las hojas,
tarde y deprisa.

Aki

Llega a mis manos
una hoja por el aire y
me lee un verso.

Aki

Lluvia cansina
de otoño por la calle
sucia de pasos.

Aki

Zigzagueando
la luz de monte en monte,
eco dormido.

Aki

Ruge la tarde
cuando el cielo plomizo
casi dormita.

秋
Aki

Día de otoño.
Entre colores ocres,
un cielo azul.

Aki

Un día más
se caerán las hojas
sobre la calle.

Aki

Arco iris doble
tras un rato de lluvia
entre las nubes.

Aki

Miro el camino
y la luna se esconde
entre las nubes.

Aki

Tras la tormenta
el mar, antes plomizo,
se vuelve azul.

Aki

Es con la lluvia
que se acerca el invierno
y con el frío.

4
EL CREPITAR DEL FUEGO
(INVIERNO)

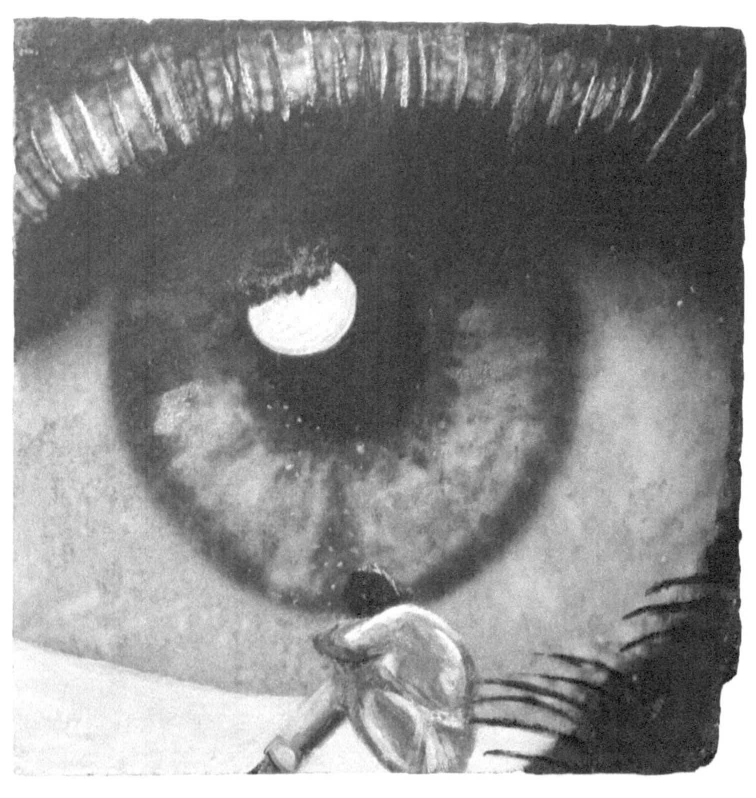

Fuyu

Escalofrío.
Noche blanca refleja
alas dormidas.

Fuyu

Danza de fuego.
Me adormezco soñando.
Cae la lluvia.

Fuyu

Cielo dorado,
domingo de pereza.
La tarde cae.

Fuyu

Calle repleta
de colores brillantes
en carnaval.

Fuyu

Un día de estos
la golondrina vuelve.
Un día de estos…

Fuyu

Brotan las flores
en ramas del jazmín.
Se va el invierno.

Fuyu

Volverá el frío
y por la madrugada
será más blanco.

Fuyu

En las encinas
florecerá la escarcha
de madrugada.

Fuyu

Calle con hielo,
camino de tu brazo,
con luz de invierno.

Fuyu

Blanco de sal,
hielo de la mañana
sobre las losas.

EPÍLOGO
(DE LA ROSA Y LA LUNA)

Papel usado,
clamor de rosas rojas
que no florecen.

Con luna llena
sonríen las estrellas
dentro del agua.

Sentencia simple:
si bebes de esta fuente
verás la rosa.

Con luna llena
de la fuente reseca
noto el silencio.

Brotará alegre
el chorro de la fuente
y alguna rosa.

Conrado Castilla Rubio (Pozoblanco, 1963)

Miembro de la Asociación Cultural Naufragio, ha participado en los diversos recitales y actividades organizadas por dicha asociación y forma parte del consejo de redacción de su revista, *Saigón*.

En 1998 publicó su primer libro, titulado *Desde aquí* (*Cuadernos del Gallo*, n° 23. Ayuntamiento de Pozoblanco), en el que se recogen los editoriales y textos periodísticos escritos en los años anteriores en diversas publicaciones de los Pedroches (su tierra natal) y de Córdoba.

Ha publicado los poemarios *Tres esquinas y una más*, editado en la colección Espiral del Ayuntamiento de Lucena; *Del tiempo que va y viene* (Ediciones Moreno Mejías, Sevilla) y *Cuando no tenga presente* (Cuadernos del Laberinto, Madrid).

Sus poemas aparecen recogidos en diversas antologías como *Lucena en verso* (2007), *Divergentes* (2015), *Antología del XV Encuentro de Poetas en Red* (2016), *Arrecife de náufragos* (2016) y *Kilómetro cero* (2018).

Ha colaborado, entre otras, en las revistas literarias *El Rincón del Haiku, Saigón* (Lucena-Cabra), *La Ballesta de Papel* (Priego de Códoba) y *Aldaba* (Sevilla).

Ha participado en el Encuentro de Escritores del Norte de Córdoba (2001), en los Encuentros de Escritores de los Pedroches (2015, 2018) y en encuentros histórico-literarios en Priego y Baena (2016, 2017), entre otros.

Gestiona el blog *La Luna del Hereje* (conradocastilla.blogspot.com).